I'd like to dedicate this book
to my grandparents,
Bubby & Zaidy Chazanow
&
Bubby & Zaidy Scheiner
for being my role models.

Introduction

While preparing for my Bar Mitzvah and studying the Maamar, the Chassidic discourse about the Mitzvah of Tefillin, I wondered, "What does the Maamar mean? What are the lessons of this holy discourse first recited by the fifth Lubavitch Rebbe, the Rebbe Rashab, when he became a Bar Mitzvah?" Since I didn't grow up speaking Yiddish, I didn't understand the holy words I was saying, which made it more difficult for me to learn the Mamaar by heart.

I thought of all the other boys for whom, like myself, Yiddish is not their first language and don't attend schools that teach in Yiddish. I thought, "Perhaps I can make this my Bar Mitzvah Project?" I decided to write a book which simply explains the Bar Mitzvah Maamar so that other Bar Mitzvah boys can understand what they are learning.

I am so excited to share this book project with boys preparing and learning the Maamar for their Bar Mitzvah. I hope this will make the Bar Mitzvah preparation more meaningful.

Yoseph Scheiner
Palm Beach, Florida

In Gratitude

Thank you to my dear sister Hindy for always showing me love and encouragement and for illustrating this book for me.

Thank you to my amazing parents for helping me come up with the idea for this book, for always being there for me, loving me and for preparing me for my Bar Mitzvah.

Thank you to Rabbi Mendel Jacobson for editing and publishing this book.

Thank you Hashem for giving me the most loving family who supports me in all of my hobbies and endeavors.

Chapter 1

No Time

We are busy day and night

The Midrash on Tehillim says: Rabbi Eliezer teaches that Bnei Yisrael, the children of Israel, turned to Hashem, saying: "We want to learn Torah day and night but we simply do not have the time."

Hashem responded: "If you put on Tefillin it will be like you have studied Torah day and night."

This seems a bit confusing. How is putting on Tefillin equal to the study of Torah day and night?

אִיתָא בְּמִדְרָשׁ תִּילִים, "ר' אֱלִיעֶזֶר אוֹמֵר, אָמְרוּ יִשְׂרָאֵל לִפְנֵי הַקָּבָּ"ה: רִבּוֹנוֹ שֶׁל עוֹלָם, רוֹצִין אָנוּ לִיגַע בַּתּוֹרָה יוֹמָם וָלַיְלָה, אֲבָל אֵין לָנוּ פְּנַאי". אִידְן זָאגְן צוּם אוֹיבֶּערְשְׁטְן: רִבּוֹנוֹ שֶׁל עוֹלָם, מִיר וֹוִילְן הָארֶעוֶֹועֶן אִין תּוֹרָה בַּיְיטָאג אוּן בַּיְינָאכְט, אָבֶּער מִיר הָאבֶּן נִישְׁט קֵיין צַייט. "אָמַר לָהֶם הַקָּבָּ"ה, קַיְּימוּ מִצְוַת תְּפִילִין וּמַעֲלֶה אֲנִי עֲלֵיכֶם כְּאִילוּ אַתֶּם יְגֵיעִים בַּתּוֹרָה יוֹמָם וָלַיְלָה". זָאגְט דֶער אוֹיבֶּערְשְׁטֶער צוּ אִידְן: וֹואלְט. זַיְיט מְקַיֵּים מִצְוַת תְּפִילִין, וֶֹועל אִיךְ אַיְיךְ פַאֲרְרֶעכֶענֶען וֹוי אִיר הָארֶעוֶֹועֶן אִין תּוֹרָה בַּיְיטָאג אוּן בַּיְינָאכְט

אִיז לִכְאוֹרָה נִישְׁט פַאֲרְשְׁטַאנְדִיק, וֹואס אִיז דֶער עִנְיָן פוּן מִצְוַת תְּפִילִין צְוַויי. וֹואס פַאֲרְטְרָעט לִימוּד הַתּוֹרָה, אוּן וֹואס אִיז דִי שַׁיְיכוּת פוּן דִי עִנְיָנִים, תְּפִילִין אוּן לִימוּד הַתּוֹרָה, אֵיינֶער צוּם צְוַווייטְן

Just Do It

G-d practices what He preaches

The Midrash describes two types of people. The first type of person tells others what to do but he himself doesn't do it. The second type of person tells others what to do, but he does it himself as well.

Every Mitzvah that Hashem commands us to do, Hashem Himself does as well. When we put on Tefillin, Hashem also puts on Tefillin up in heaven.

נָאר דָער עִנְיָן אִיז, עָס שטייט דָאך מַגִּיד דְּבָרָיו לְיַעֲקֹב חֻקָּיו וּמִשְׁפָּטָיו לְיִשְׂרָאֵל. זָאגְט דָער מדרש אויף דָעם "יֵשׁ מִי שֶׁהוּא מְצַוֶּה לַאֲחֵרִים לַעֲשׂוֹת וְהוּא אֵינוֹ עוֹשֶׂה אֲבָל הַקָּבָּ"ה מַה שֶׁהוּא עוֹשֶׂה אוֹמֵר לְיִשְׂרָאֵל לַעֲשׂוֹת, שֶׁנֶּאֱמַר מַגִּיד דְּבָרָיו לְיַעֲקֹב חֻקָּיו וּמִשְׁפָּטָיו". עָס אִיז פָארַאן אײנער װאס הייסט אַנְדָערֶע טָאן אָבֶּער עָר אַלײן טוט נִישט, אָבֶּער דָער אויבֶּערְשְׁטֶער װאס עָר אַלײן טוט הייסְט עֶר אִידְן טָאן, װי עָס שטייט מַגִּיד דְּבָרָיו לְיַעֲקֹב חֻקָּיו וּמִשְׁפָּטָיו, אַז זײנֶע דְבָרִים חֻקִּים וּמִשְׁפָּטִים װאס עָר אַלײן טוט, זָאגְט עָר אִידְן צו טָאן

און דָער פְּשַׁט פון "מַה שֶׁהוּא עוֹשֶׂה" אִיז, װער אִיז גורם אַז דָער אויבֶּערְשְׁטֶער זאל טָאן די מִצְוֹת, דורְכְדֶעם װאס אִידְן טוְעֶן די מִצְוֹת זײנֶען זײ גורם אַז דָער אויבֶּערְשְׁטֶער זאל טָאן אָט די מִצְוֹת, קומְט דָאך אויס אַז דורְכְדֶעם װאס אִידְן לייגן תְּפִילִין זײנֶען זײ גורם אַז הַקָּבָּ"ה זאל זײן מֵנִיחַ תְּפִילִין

G-d's Tefillin

He puts them on, religiously

What does it say in Hashem's Tefillin? In Hashem's Tefillin it speaks of the greatness of the Jewish people. *Mi k'Amcha Yisrael Goy Echad b'Aretz, Who is like Your nation Israel, one nation on earth*. When Hashem puts on Tefillin, we literally become greater.

Hashem Himself is so much greater than this world. Only His light comes down into this world. Hashem Himself is beyond comparison and bigger than the world. All the planets don't matter to Him, and what we do, both the positive and the negative, doesn't affect Him at His source. We therefore ask Hashem to look down from heaven and bless the Jewish people.

וְהִנֵּה אָמְרוּ רַזַ"ל: תְּפִילִין דְּמָארֵי עָלְמָא מַה כְּתִיב בְּהוּ? וּמִי כְּעַמְּךָ יִשְׂרָאֵל גּוֹי אֶחָד בָּאָרֶץ. אַז אִין דֶעם אוֹיבֶּערְשְׁטֶנְס תְּפִילִין שְׁטֵייט דִי מַעֲלָה פוּן אִידְן אַז זֵיי זַיְינֶען אַ גּוֹי אֶחָד בָּאָרֶץ. קוּמְט דָאךְ אוֹיס אַז דוּרְכְדֶעם וָואס הַקָּבָּ"ה מֵנִיחַ תְּפִילִין וֶוערְן אִידְן גְּרֶעסֶער

קְלָערֶער פָארְשְׁטֵיין דֶעם עִנְיָן, עֶס שְׁטֵייט דָאךְ "הַשְׁקִיפָה מִמְּעוֹן קָדְשְׁךָ מִן הַשָּׁמַיִם וּבָרֵךְ אֶת עַמְּךָ יִשְׂרָאֵל", וְוייל עֶס שְׁטֵייט דָאךְ "רָם עַל כָּל גּוֹיִם הוי'" אַז הוּא יִתְבָּרַךְ אִיז מְרוֹמָם, דֶערְהוֹיבְּן פוּן וֶועלְט, אוּן מִצַּד עַצְמוּתוֹ אִיז "אִם חָטָאתָ מַה תִּפְעוֹל בּוֹ, וְרַבּוּ פְשָׁעֶיךָ מַה תַּעֲשֶׂה לּוֹ, אִם צָדַקְתָּ מַה תִּתֶּן לוֹ וּמַה מִיָּדְךָ יִקָּח", אוּן אַלֶע עוֹלָמוֹת עֶלְיוֹנִים וְתַחְתּוֹנִים זַיְינֶען כּוֹלָא קַמֵיהּ כְּלָא מַמָּשׁ חֲשִׁיבֵי, אוּן וִוי עֶס שְׁטֵייט "כִּי נִשְׂגָּב שְׁמוֹ לְבַדּוֹ", אַז שְׁמוֹ אִיז לְבַדּוֹ, הֶעכֶער פוּן וֶועלְט, נָאר בְּלוֹיז "הוֹדוֹ" זִיוו אוּן אַ הָאֲרָה פוּן שְׁמוֹ אִיז עַל אֶרֶץ וְשָׁמַיִם

Sleep Talk

Using only a drop of brainpower

Hashem's relationship with this world is like the relationship between a sleeping person and his brain. When a person sleeps, he is mostly unconscious and only a small part of his brain functions. So too by way of analogy with Hashem: only a tiny percentage of His light enters into the world, while He Himself is above and beyond.

This is why we say in Tehillim, *And Hashem awoke as one out of sleep* (78:65), and, *Awake, why are You sleeping, Hashem* (44:24). We pray to Hashem that His light should shine down and be felt throughout this world.

How do we wake Hashem up? How do we bring His light into our world? How do we draw down Hashem's wisdom and kindness into our world? How do we draw down Hashem's blessings on the Jewish people?

אּון דָאס אִיז וָואס עֶס שְטייט "כַּד סָלִיק הַקָבָּ"ה לְעֵילָא", דָאס מֵיינְט וֶוען דֶער חִיּוּת פּון דֶער הָארָה וֶוערְט נִסְתַּלֵק לְמַעְלָה מַעְלָה צּו דֶער בְּחִינָה פּון עַצְמוּת, אּון דֶעמָאלְט זַיינֶען דִי עוֹלָמוֹת נִישְט תּוֹפֵס מָקוֹם, אּון דִי הַנְהָגָה פּון דִי עוֹלָמוֹת אִיז בִּבְחִינַת שֵינָה כִּבְיָכוֹל, אַזוֹי וִוי אַ מֶענְטְש וָואס שְלָאפְט, וָואס דֶער שֵׂכֶל וֶוערְט נִסְתַּלֵק פּון דֶער כְּלִי — וָואס דָאס אִיז דֶער גּוּף — צּו זַיין מָקוֹר וְשׁוֹרֶשׁ, אּון עֶס בְּלַייבְט אִיבֶער בְּלוֹיז דֶער כֹּח הַדִמְיוֹן (דֶער פָארְשְטֶעלּונְגְס-קְרַאפְט) וָואס דָאס אִיז בְּלוֹיז אַ רוֹשֶם

וָואס דֶערְפָאר שְטייט "וַיִּקֶץ כִּישֵׁן הוי'" אּון עֶס שְטייט "עוּרָה לָמָה תִישַׁן הוי'", אַז עֶס זָאל זַיין דֶער גִּילּוּי "אוֹר אֵין סוֹף בָּרוּך הוּא" אִין חָכְמָה אּון חֶסֶד, אִין דִי בְּחִינָה פּון עַצְמוּתוֹ וּמַהוּתוֹ יִתְבָּרֵך בִּכְבוֹדוֹ וּבְעַצְמוֹ, אּון עֶס זָאל זַיין "יָאֵר פָּנָיו" עֶס זָאל מֵאִיר זַיין פְּנִימִיּוּת רְצוֹנוֹ, אּון דָאס אִיז — דּורְך דִי הַמְשָׁכָה פּון תּוֹרָה אּון מִצְוֹת

The Magnifying Glass

Things are bigger than they appear

We draw blessings down into our world through studying Torah and doing Mitzvos. The example of a magnifying glass explains how Torah and Mitzvos draw down Hashem's light into this world.

When a person looks through a magnifying glass, everything appears larger and clearer. When Hashem sees the Jewish people learning Torah and doing Mitzvos, they appear greater, bigger, and more important in Hashem's eyes, like seeing through a magnifying glass. Hashem then takes more of an interest in us, and sends more of His light and blessings.

וואס דאס איז וואס ס'שטייט "הַבֵּט מִשָּׁמַיִם וּרְאֵה" און "הַשְׁקִיפָה מִמְּעוֹן קָדְשְׁךָ מִן הַשָּׁמַיִם", וואס שָׁמַיִם איז שם מַיִם, וואס דאס איז בְּחִינַת הַתּוֹרָה וועלכע איז גֶעגְליכן צו מַיִם [ווי עָס שְׁטייט "הוֹי כָּל צָמֵא לְכוּ לַמַּיִם", וואס דאס גייט אויף בְּחִינַת הַתּוֹרָה], איז דֶעמָאלְט וועט זיין "וּבֵרֵך אֶת עַמְּךָ יִשְׂרָאֵל", ווייל דוּרך אָט די בְּחִינָה וועלן מיר, עַם בְּנֵי יִשְׂרָאֵל, גֶעזֶען ווערן פאר דֶעם אוֹיבֶּערשטן פאר אַ דָבָר חָשׁוּב, ווייל דֶער עִיקָר הַשָּׂגָה און גִילוּי איז דוּרך תּוֹרָה, און תּוֹרָה איז בַּיי אוּנז בהִתְגַּלוּת

וואס דאס איז וואס דֶער פָּסוּק זאָגט "נִפְתְּחוּ הַשָּׁמַיִם וָאֶרְאֶה מַרְאוֹת אֱלֹקִים", וואס דאס איז די בְּחִינָה פון אַסְפַּקְלַרְיָא הַמְּאִירָה, אַז דוּרך די בְּחִינָה פון שָׁמַיִם (וואס דאס איז די בְּחִינָה פון תּוֹרָה) זֶעט זיך פאר דֶעם אוֹיבֶּערשטן כְּבָיָכוֹל ווי איינֶער וואס קוקט דוּרך אַ (לֵייכְטנְדיקן) פאַרגְרֶעסֶער-גְלאָז, וואס דֶעמָאלְט זֶעט זיך די זאך אַ גְרֶעסֶערע און בֶּעסֶערע ווי אָן דֶער גְלאָז. אַזוי אויך דוּרך די הַבָּטָה וְהַשְׁקָפָה בבְחִינַת הַתּוֹרָה זֶעען זיך אידן (וואס זַיינֶען מְקַיֵּם תּוֹרָה) פאר דֶעם אוֹיבֶּערשטן, בבְחִינַת שֶׁבַח וּגְדוּלָה

One Nation

Drawing oneness into our world

This explains why in Hashem's Tefillin it describes the greatness of the Jewish people. In our Tefillin are the words of the Shema, *Shema Yisrael Hashem Elokeinu Hashem Echad, Hear, O Israel, Hashem is our G-d, Hashem is One*, describing the greatness of Hashem. Hashem's Tefillin, however, describes the greatness of the Jewish people, *Who is like Your nation Israel, one nation on earth*.

What does one nation on earth mean? One nation on earth means that we the Jewish people, through the Torah we study and the Mitzvos we do, bring the One Hashem down upon this earth and into our world.

און דאָס איז "וּמִי כְעַמְּךָ יִשְׂרָאֵל גּוֹי אֶחָד בָּאָרֶץ", אַז זיי זיינַען מַמְשִׁיךְ
די בְּחִינָה פוּן אֶחָד אין אֶרֶץ, אַז עֶס זאָל שׁוֹרֶה זיין אוּן מתגלה ווערן
בְּחִינַת הֲוָי' אֶחָד אין אֶרֶץ הַתַּחְתּוֹנָה

Chapter 2

2000 Years Before

On the greatness of the Torah

Our sages tell us that the Torah was created 2000 years before the world was created. This isn't a literal time measurement, because before the world was created there wasn't yet any time. Rather, it's a means of telling us how much greater the Torah is than the world.

How is the Torah greater than the world?

וּבִיאוּר עִנְיַן מַעֲלַת הַתּוֹרָה, וֶועט מֶען דאָס פֿאַרשטיין פֿון מַאֲמַר רַזַ"ל "אַלְפַּיִם שָׁנָה קָדְמָה תּוֹרָה לָעוֹלָם", וואָס דָער פְּשַט פֿון קָדְמָה מֵיינט נישט קְדִימָה אין זְמַן, וויַיל זְמַן און מָקוֹם זַיינָען דאָך בּיַידָע מְחוּדָּשִים, און פֿאַר בְּרִיאַת הָעוֹלָם אִיז דאָך בְּחִינַת הַזְמָן אוֹיך נישט גָעווען. נאָר קְדִימָה מֵיינט קְדִימָה אין מַעֲלָה, אַז תּוֹרָה אִיז הֶעכֶער פֿון וֶועלְט

Heart and Mind

We all have intellect and emotion

Every person has two parts. There is the person's heart, and the person's mind.

Every person is created in Hashem's image. If we have intellect and emotion, we got it from Hashem, which means that Hashem also has a level of intellect and emotion.

When Hashem created the world, did He create it with intellect or emotion?

ווייל דָער שׁוֹרֶשׁ וּמָקוֹר פֿון עוֹלָמוֹת אִיז פֿון בְּחִינַת מִדּוֹת, ווי עָס שְׁטייט "שֵׁשֶׁת יָמִים עָשָׂה" און עָס שְׁטייט נִישְׁט בְּשֵׁשֶׁת, נָאר די שֵׁשֶׁת יָמִים זײַנֶען דָאס די שִׁשָּׁה מִדּוֹת עֶלְיוֹנוֹת, און שֵׁשֶׁת יָמִים עָשָׂה מֵיינְט אַז די שִׁשָּׁה מִדּוֹת עֶלְיוֹנוֹת זײַנֶען נִשְׁפַּל גֶעוואָרְן אִין די בְּחִינָה פֿון עֲשִׂיָּה

6 Days of Creation

Every day is another emotion

The Torah describes how Hashem created the world in six days. Each of the six days is another of the six divine emotions. Hashem created the world in, and with, six emotions, all of which are included in the first emotion, Chessed, kindness. Therefore, the creation of the world comes from the level of Hashem's emotions.

Hashem made the world out of his kindness and love for us. However, while Hashem's emotions, especially kindness which includes all the other emotions, are the source of the world, the Torah itself is beyond this world. That's why the rabbis teach that the Torah preceded the world by 2000 years.

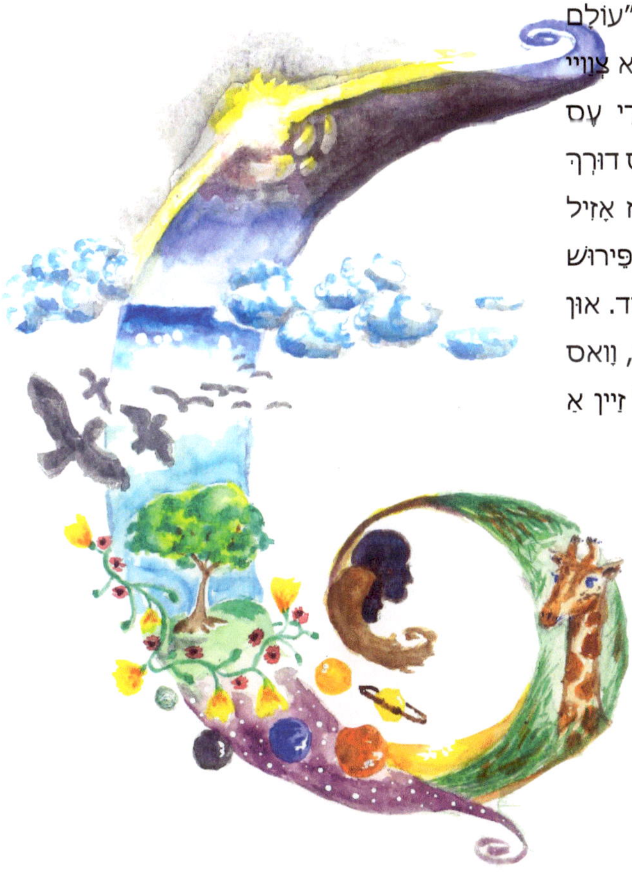

וָואס דָאס אִיז וָואס דֶער אָנְפַאנְג פוּן דִי עֲשָׂרָה מַאֲמָרוֹת אִיז בְּרֵאשִׁית, וָואס דָאס אִיז בָּרָא-שִׁית, וָואס דֶער פְּשַׁט פוּן בָּרָא שִׁית אִיז, עַל דֶּרֶךְ וִוי עֶס שְׁטֵייט "עוֹלָם חֶסֶד יִבָּנֶה", וָואס אִין דֶעם זַיְינֶען דָא צְוֵויי פֵּירוּשִׁים, אֵיין פֵּירוּשׁ אִיז אַז בִּכְדֵי עֶס זָאלְן נִתְהַוֶּוה וֶוערְן עוֹלָמוֹת, אִיז דָאס דוּרְךְ מִדַּת הַחֶסֶד, וָואס אָט-דִי מִדָּה אִיז אָזִיל עִם כּוּלְהוּ יוֹמִין. אוּן דֶער צְוֵוייטֶער פֵּירוּשׁ אִיז, אַז מְ'דַארְף בּוֹיעֶן דִי מִדַּת הַחֶסֶד. אוּן עַל דֶּרֶךְ זֶה אִיז בְּרֵאשִׁית בָּרָא-שִׁית, וָואס דָאס אִיז בִּנְיַן הַמִּדּוֹת כְּדֵי עֶס זָאל זַיין אַ מָקוֹר אוֹיף עוֹלָמוֹת בִּי"עַ

Kindness and Intellect

Can you be kind to yourself?

A person needs another person to do kindness. You cannot do kindness with yourself alone. Hashem too couldn't do kindness with Himself alone. Hashem had to create a world with which to do kindness.

Intellect, however, needs no other person to exist. A person could think great thoughts all by himself. Hashem too does not need the world in order to create His intellect, the Torah.

אָבֶּער די תּוֹרָה אִיז קַדְמָה לְעוֹלָם, ווײַל אוֹרַיְיתָא מֵחָכְמָה נָפְקַת, תּוֹרָה נֶעמְט זִיךְ פוּן חָכְמָה, אוּן בְּחִינַת מוֹחִין זײַנֶען אײַנְגַאנְצֶן נִישְׁט שַׁיָּיכוּת צוּ די עוֹלָמוֹת, אוּן אוֹיךְ ווֶען ס'אִיז נִיטָא צוּ ווֶעמֶען צוּ מַשְׁפִּיעַ זײַן אַ דָּבָר שֵׂכֶל קֶען עֶר זִיצְן פַאר זִיךְ אוּן טְראַכְטְן הַשְׂכָּלוֹת. אַנְדֶערש אִיז אָבֶּער בְּחִינַת הַמִּדּוֹת. עַל דֶּרֶךְ מָשָׁל מִדַּת הַחֶסֶד, אַז ווֶען עֶס אִיז נִיטָא צוּ ווֶעמֶען מַשְׁפִּיעַ זײַן טוֹב וָחֶסֶד, ווֶערְט דָאךְ די גאַנְצֶע מִדָּה בָּטֵל אוּן אַזוֹי ווי זי ווָאלְט אײַנְגאַנְצֶן נִישְׁט גֶעווֶען

Abraham's Tent

An example from our forefather

The Torah says that our forefather Abraham, the first Jew, was *sitting at the entrance of the tent when the day was hot* (Genesis 18:1). Abraham, who had just had a Bris, sat outside his tent in the boiling heat looking for passersby in order to do kindness with them. Why did Abraham have to sit outside his tent in the heat in order to do kindness? Couldn't he do it in the comfort of his home?

One cannot do kindness without a recipient. The entire purpose of the giver is lost if there is no one to receive what is being given. Abraham therefore had to sit outside to look for recipients to receive his kindness.

אַזוי ווי מיר געפינען ביי אַבְרְהָם אָבִינוּ, "וְהוּא יוֹשֵׁב פֶּתַח הָאוֹהֶל כְּחוֹם
הַיוֹם", וואָס דאָס וואָס עָר איז געזעסן פֶּתַח הָאוֹהֶל, איז געווען ווייל
עָר האָט געזוכט עוֹבְרִים וְשָׁבִים בִּכְדֵי עָר זאָל האָבְּן צו וועמען מַשְׁפִּיעַ
זיין חֶסֶד, ווייל אַן אַ מְקַבֵּל פאַרלירְט זיך אינגאַנצן די פְּעוּלָה פוֹן
מַשְׁפִּיעַ

The World

Emotion on earth

Because kindness needs someone else with which to do kindness, Hashem had to create a recipient to receive His kindness. Mercy and kindness have a direct connection to the world, as the verse says, *Remember your mercy and kindness for the sake of the world* (Psalms 89:3).

Hashem's nature is to do good and provide kindness. Hashem therefore desired to create a recipient, the world, in order to fulfill His kind nature.

Hashem's kindness, which includes all of His emotions, comes into the world. This means that the emotional level of Hashem has a connection to the world.

אוּן עַל דֶּרֶךְ זֶה וֶועט מֶען פֿאָרשטיין לְמַעֲלָה, וואָס עֶס שטייט "זְכוֹר רַחֲמֶיךָ וַחֲסָדֶיךָ כִּי מֵעוֹלָם הֵמָּה", אַז די בְּחִינָה פֿון רַחֲמִים וַחֲסָדִים האָבְּן אַ שַׁיָּכוּת צו עוֹלָמוֹת, אוּן ווי אוֹיבְּן-גֶערֶעדט אין דֶעם עִנְיָן פֿון "כִּי אָמַרְתִּי עוֹלָם חֶסֶד יִבָּנֶה", אוּן ווי מֶען הֶעט גֶעטייטשט אַז מ'דאַרף בּוֹיעֶן מִדַּת הַחֶסֶד, ווייל אַן הִתְהַוּוּת הָעוֹלָמוֹת דאַרף מֶען דאָך ניט מִדַּת הַחֶסֶד, ווייל מִיט וועמֶען וועט עֶר טאָן חֶסֶד

אוּן דאָס איז וואָס דֶער עֵץ חַיִּים הוֹיבְּט אָן "כְּשֶׁעָלָה בִּרְצוֹנוֹ הַפָּשׁוּט לְהֵיטִיב לִבְרוּאָיו" וואָס דאָס איז מִצַד טֶבַע הַטּוֹב לְהֵיטִיב, בְּחִינַת הַשְׁפָּעַת הַחֶסֶד, וואָס ווערט נִמְשָׁךְ פֿון בְּחִינַת כִּי חָפֵץ חֶסֶד, וואָס הַשְׁפָּעַת הַחֶסֶד איז דֶער חֶסֶד שֶׁבַּחֵפֶץ הוּי'

Beyond The World

Intellect in heaven

Hashem's intellect, however, does not have a connection to the world. Yes, the level of intellect that makes its way into kindness and emotion is drawn into the world, but the essence of Hashem's intellect is beyond the world and is not drawn down into it.

This is the meaning of the Torah preceding the world by 2000 years: Hashem's intellect, which is the Torah, precedes and is beyond our world.

אָבֶּער פוּן בְּחִינַת מוֹחִין אִיז נִישְׁט נִמְשָׁךְ גֶעוָוארְן אִין בְּרִיאַת הָעוֹלָם. אוּן כָאטְשׁ דִי רַזַ"ל זָאגְן "בַּעֲשָׂרָה דְבָרִים בָּרָא הַקַבָּ"ה עוֹלָמוֹ, בְּחָכְמָה וּבִתְבוּנָה וּבְדַעַת", אוּן אִין סֵפֶר יְצִירָה שְׁטֵייט "בִּשְׁלֹשָׁה סְפָרִים כוּ' בְּסֵפֶר וְסוֹפֵר וְסִיפּוּר", אוּן ווִי עֶס רֶעדְט זִיךְ אִין מַאֲמַר וּשְׁאַבְתֶּם, אַז סוֹפֵר מִיט א ו' אִיז חָכְמָה אוּן סֵפֶר אָן א ו' אִיז בִּינָה, אַזוֹי ווִי דֶער סוֹפֵר וָואס שְׁרַייבְּט אַ סֵפֶר, פוּנְדֶעסְטװעגְן, דָאס וָואס וֶוערְט נִמְשָׁךְ אִין מִדּוֹת אִיז דָאס נָאר בְּחִינַת מוֹחִין שֶׁבַּמִדּוֹת אָבֶּער נִישְׁט מוֹחִין בְּעַצָם. אָבֶּער אוֹרַייתָא מֵחָכְמָה נָפְקַת אִיז דָאס פוּן מוֹחִין בְּעַצָם. דֶערְפַאר אִיז אַלְפַּיִם שָׁנָה קָדְמָה תּוֹרָה לָעוֹלָם [וָואס דָאס אִיז אַאלֶפְךָ חָכְמָה אַאלֶפְךָ בִּינָה, וָואס דָאס זַיינֶען דִי בְּחִינָה פוּן מוֹחִין, זַיינֶען זַיי הֶעכֶער [פוּן עוֹלָם וָואס אִיז מִדּוֹת, אוּן דָאס אִיז אַלְפַּיִם, פוּן לְשׁוֹן אַאלֶפְךָ

Chapter 3

Intellect Into Emotion

On the greatness of the Torah

Going back to the beginning of the Maamar, we can now understand Rabbi Eliezer's opening statement, that we want to study Torah day and night. Studying Torah brings Hashem's intellect into emotions, which brings Hashem into the world. We want to do this day and night.

But we simply do not have the time.

To which Hashem answers: "Put on Tefillin, binding mind and heart, intellect and emotion, and I will consider it as if you learned day and night." Why? Because when the Jewish people put on Tefillin it causes Hakadosh Baruch Hu, the Holy Blessed One, to put on His own Tefillin.

וְזֶהוּ שֶׁאָמַר ר' אֱלִיעֶזֶר "אָמְרוּ יִשְׂרָאֵל לִפְנֵי הַקָּבָּ"ה רוֹצִין אָנוּ לִיגַע בַּתּוֹרָה", ווייל דורך לימוד תּוֹרָה וֶועלְן זיי מַמְשִׁיךְ זַיְין בְּחִינַת מוֹחִין אין מִדּוֹת, וואָס דאָס איז אַ מַעֲלָה גְדוֹלָה וְנִפְלָאָה, "אֲבָל אֵין לָנוּ פְּנַאי", מיר הָאבְּן נישְׁט קיין צַיְיט. זאָגְט צוּ זיי דָער אוֹיבֶּערְשְׁטֶער "קַיְימוּ מִצְוַת תְּפִילִין וּמַעֲלֶה אֲנִי עֲלֵיכֶם כְּאִלּוּ אַתֶּם יְגֵעִים בַּתּוֹרָה יוֹמָם וָלַיְלָה", ווייל דורך מִצְוַת תְּפִילִין איז מֶען מַמְשִׁיךְ אַז עֶס זאָל זַיְין הַקָּבָּ"ה מַנִּיחַ תְּפִילִין

Holy Blessings

Holy is day, blessed is night

What is Hakadosh Baruch Hu, the Holy Blessed One? What does it mean?

It is the combination of Kadosh, holy, and Baruch, blessed. Holy is day, blessed is night. This is how Moshe Rabbeinu knew when it was day on the mountain and when it was night. When the angels said Kadosh, holy, Moshe knew it was day, and when they said Baruch, blessed, he knew it was night.

וואס דער פֿירוּש פֿון הַקָּבַּ"ה אִיז זוּ"ן דַאֲצִילוּת (ז"א אוּן מַלְכוּת דַאֲצִילוּת), וואס ז"א אִיז קָדוֹשׁ אוּן מַלְכוּת אִיז בָּרוּךְ, ווי ס'אִיז בַּאוואוּסט וועגן דעם עִנְיָן פֿון יוֹם אוּן לַיְלָה, אַז קָדוֹשׁ אִיז יוֹם אוּן בָּרוּךְ אִיז לַיְלָה, וואס דערפֿאר בְּשַׁעַת דִי מַלְאָכִים הָאבְּן גֶעזָאגְט קָדוֹשׁ הָאט מֹשֶׁה רַבֵּינוּ עָלָיו הַשָׁלוֹם אוֹיפֿן בַּארג גֶעוואוּסט אַז ס'אִיז טַאג, אוּן ווען זיי הָאבְּן גֶעזָאגְט בָּרוּךְ הָאט עֶר גֶעוואוּסט אַז ס'אִיז נאכט

13 Years Old

When a boy becomes a man

When Hashem puts on Tefillin the actual essence of His intellect is drawn into emotion. A boy who has not yet reached the Bar Mitzvah age of thirteen, has not yet acquired the essence of his own intellect. He is therefore exempt from putting on Tefillin.

When the boy reaches thirteen years of age, he is called a man, one who can access the full greatness of his intellect. Therefore, when the Bar Mitzvah puts on Tefillin, he causes Hashem to put on Tefillin, drawing the essence of His intellect down below in emotion.

אָבֶּער דֶער עִנְיָן פון הַקָבָּ"ה מֵנִיחַ תְּפִילִין אִיז, דִי הַמְשָׁכָה פון מוֹחִין
אִין מִדוֹת, וואָס דאָס מֵיינְט בְּחִינַת מוֹחִין בְּעֶצֶם, אוּן דֶעריבֶּער אִיז אַ
קָטָן וואָס אִיז נאָך נִישְׁט גֶעוואָרְן דרַייצָן יאָר, אִיז עֶר פָּטוּר פון תְּפִילִין,
ווייִל עֶר ווֶערְט נִישְׁט אָנגֶערוּפֶן "אִישׁ" אוּן האָט בְּלוֹיז קַטְנוּת הַמוֹחִין,
נאָר ווֶען עֶר ווֶערְט אַ בֶּן י"ג שָׁנָה וְיוֹם אֶחָד, וואָס דֶעמאָלְט וווֶערְט עֶר
אַ אִישׁ, אִיז דֶעמאָלְט דוּרְך הַנָחַת תְּפִילִין אִיז עֶר מַמְשִׁיך אַז עֶס זאָל
זַיין הַקָבָּ"ה מֵנִיחַ תְּפִילִין

Tefillin and Torah

Both drawing intellect into emotion

When we put on Tefillin Hakadosh Baruch Hu puts on Tefillin. And when Hakadosh Baruch Hu puts on Tefillin the essence of His intellect is bound with and drawn into emotions.

Putting on Tefillin essentially accomplishes the same thing as studying Torah. Both draw Hashem's intellect, which precedes and is higher than this world, into emotion and into our world.

If you don't have time to study Torah all day and night, put on Tefillin and you will accomplish the same thing.

אִיז פוּן דֶעם פֿאַרשטאַנדיק, אַז דֶער עִנְיָן פוּן תְּפִילִין שֶׁלְמַעְלָה אִיז
הַמְשַׁכַת מוֹחִין בְּעָצֶם, קוּמְט דאָך אוֹיס אַז דאָס אִיז אֵיין בְּחִינָה מִיט
דֶעם עִנְיָן פוּן לִימוּד הַתּוֹרָה. אוּן דֶערְפֿאַר זאָגְט עֶר "קִיְמוּ מִצְוַת תְּפִילִין
וּמַעֲלֶה אֲנִי עֲלֵיכֶם כְּאִילוּ אַתֶּם יְגֵעִים בַּתּוֹרָה יוֹמָם וָלַיְלָה", וַוייל דוּרְך
תְּפִילִין טוּט מֶען אוֹיף דֶעם זֶעלְבְּן עִנְיָן וַוי דוּרְך לִימוּד הַתּוֹרָה

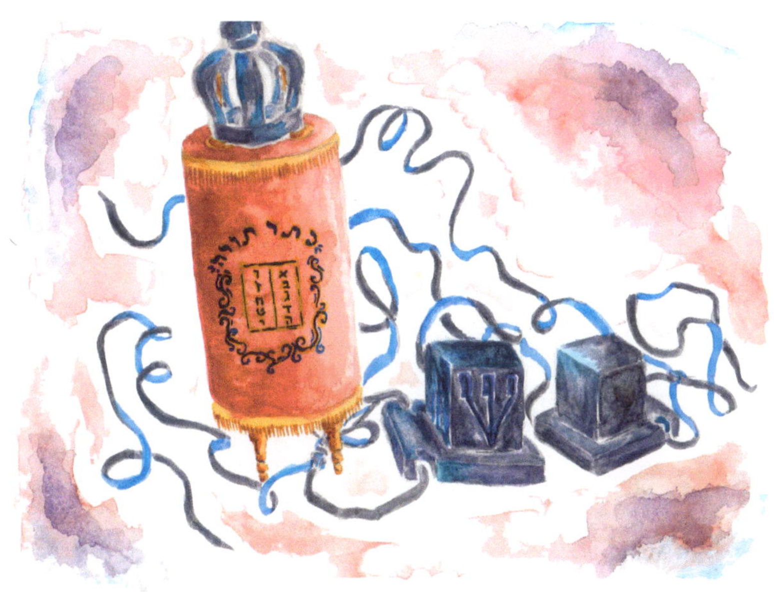

As If

Torah and Tefillin are not exactly the same

Hashem says that "if you put on Tefillin it will be as if you have studied Torah day and night." The words "as if" means it's not exactly the same.

When we study Torah we draw the essence of Hashem's intellect into the literal world down below. When we put on Tefillin, however, we only draw Hashem's intellect into the source of the creation of the world, but not the world itself.

This is why it says "as if."

Nevertheless, by putting on Tefillin Hashem considers it as if we draw down the essence of His intellect into the physical world down below.

אוּן דָאס וָואס עֶר זָאגְט "כְּאִילוּ" (וָואס דָאס וֵויזְט אוֹיס אַז עֶס אִיז נִישְׁט מַמָּשׁ דִי זֶעלְבֶּע זַאךְ). אִיז עֶס וַוייל דוּרְךְ יְגִיעָה אִין תּוֹרָה וָואלְט עֶס נִמְשַׁךְ וֶוערְן אִין אֲוִיר הָעוֹלָם, דֶערְפַאר זָאגְט עֶר הַגַּם דוּרְךְ תְּפִילִין וֶוערְט הַמְשָׁכַת הַמּוֹחִין אִין שׁוֹרֶשׁ וּמָקוֹר הַמְהַוֶּוה עוֹלָמוֹת, פוּנְדְעסְטוֶוועגְן "מַעֲלֶה אֲנִי עֲלֵיכֶם כְּאִילוּ אַתֶּם יְגֵיעִים בַּתּוֹרָה יוֹמָם וָלַיְלָה" אִין בְּחִינַת עוֹלָם שֶׁלְמַטָה